हर पल ज़िंदगी

AF623950

"सहज" सतीश

BookLeaf Publishing
India | USA | UK

हर पल ज़िंदगी © 2024 Satish Arora

All rights reserved.

No part of this publication may be reproduced, stored in a retrieval system, or transmitted, in any form or by any means, electronic, mechanical, photocopying, recording or otherwise, without the prior written permission of the presenters.

Satish Arora asserts the moral right to be identified as the author of this work.

Presentation by *BookLeaf Publishing*

Web: www.bookleafpub.com

E-mail: info@bookleafpub.com

ISBN: 9789363306967

First edition 2024

समर्पण

अति दुर्लभ मानव जीवन की प्राप्ति जिस उत्तम युगल के माध्यम से मुझे हुई, यह पुस्तक मैं उन्हीं, अपने स्वर्गीय माता-पिता ,पूजनीय श्रीमति कौशल्या देवी जी एवं पूज्य श्री मलक चंद जी अरोड़ा को, उनकी मेरे जीवन को पल्लवित पोषित करने में लगी अथक ऊर्जा को समर्पित करता हूँ ।

"सहज" सतीश

अभिस्वीकृति

मैं समझ आने की उम्र से ही, हास्य रस सम्राट, परम आदरणीय काका हाथरसी, युग कवि मैथलीशरण गुप्त एवं वीर रस पुरोधा, कवि भूषण डॉ. हरिओम पँवार का न केवल प्रशंसक रहा हूँ बल्कि उनकी रचनाओं का दीवाना भी रहा हूँ। और उन्हीं की अदृष्य प्रेरणा से कुछ ना कुछ लिखता भी रहा हूँ।

भाषाविद, कवि, कलमकार, चित्रकार एवं कई भाषाओं के ज़ाता वंदनीय श्री ओ पी भटनागर "ज़मीर" सर ने मेरी लेखन विधा को न केवल धार देने का प्रयास किया वरन समय समय पर पथ प्रदर्शन भी किया है।

मेरी धर्म पत्नी श्रीमति उर्वशी, पुत्रवधू सीमा व पुत्र मनु भी मुझे अपनी रचनाओं को एक पुस्तिक स्वरूप में संकलित करने के लिए प्रेरित करते रहे हैं।

विद्यालय के दिनों से ही मेरे कच्चे-पक्के प्रयासों को, सदा ही सराहने वाले मेरे ईष्ट मित्रों का भी मेरे लेखन में अनंत योगदान है।

BookLeaf Publishing द्वारा मुझे इस पुस्तक को प्रकाशित करने का साधन और माध्यम मिला तथा उनकी टीम ने इस कार्य में मेरी बहुत सहायता भी की।

और मेरे इस कार्य में, सबसे अधिक! माँ शारदा एवं मेरे ईष्ट देव की अनंत प्रेरणा एवं असीम कृपा रही है।

मैं "सहज"सतीश आप सभी का अन्तर्मन से आभार व्यक्त करता हूँ, वंदन और अभिनंदन करता हूँ, साधुवाद करता हूँ।

"सहज"सतीश

प्रस्तावना

कवि हृदय में भिन्न-भिन्न परिस्थितियों में विलग-विलग से भाव आवारा बादलों कि तरह उमड़ते-घुमड़ते रहते हैं, और उचित मनस्थिति व परिस्थिति होने पर वो सहज रूप में एक रचना का स्वरूप ले लेते हैं।

इस पुस्तक में प्रकाशित रचनाएँ भी सहज रूप से स्व: रचित हैं तथा जीवन के विभिन्न पहलुओं को उकेरती हैं, साथ ही मानव मन को प्रभावित करने वाली परिस्थितियाँ को भी सरलता से आपके मन तक पहुंचाने का प्रयास करती हैं।

जैसे:
सब कुछ अच्छा सा लगता है, जब तुम हँसती हो।

मिलना-जुलना तक भूल गया हूँ, सब रिश्ते-नाते भूल गया हूँ।

इक पल तुम्हारे साथ गुज़ारा था शौक़ में, आदत मेरी बन जाओगी ये इल्म न था।

और कुछ हल्की-फुल्कीरचनाएँ जैसे:

लोग कहते हैं की अब "सठिया" गया हूँ मैं।

ए मेरी बढ़ती उम्र, तू कितनी हसीन है

आप सब की रूचि के अनुरूप ही इसी प्रकार की कई रचनाएँ समावेशित की गई हैं। अलग-अलग विषयों पर बहुत ही सरल व रोचक ढंग से आप जैसे प्रबुद्ध पाठकों के

मन को सभी मनोभावों से सहज रूप में जोड़ने का प्रयास किया गया है।

सभी रचनाएँ जीवन यात्रा के विभिन्न पड़ावों में घटने वाली तथा विभिन्न घटनाओं से उत्पन्न होने वाली मानवीय मनस्थिति व परिस्थिति को उसी रूप में चित्रित करने कि एक सहज कोशिश हैं।

किसी पर कोई कटाक्ष करना या उसे इंगित करना इनका कतई उद्देश्य नहीं है। अत: किसी भी व्यक्ति विशेष या उसके आस-पास की घटनाओं से समरूपता केवल संयोग ही हो सकता है। किसी प्रकार की त्रुटि भी रचनाकार के निश्छल व प्रथम प्रयास का परिणाम मानते हुए क्षमा योग्य समझी जाये, ऐसा निवेदन है।

इस पुस्तक में प्रकाशित रचनाएँ कहीं प्यार, कहीं खिन्नता, कहीं दुख, तो कहीं मस्ती को दर्शाती हैं, जिन्हें आप क्रम वार अथवा अपनी सुविधा अनुसार पढ़ते हुए एक मस्ती भरी भावनात्मक यात्रा पर जा सकते हैं।

आशा है यह प्रयास आपके मन को भायेगा तथा आदरणीय पाठक वृंद अपनी यथा योग्य सराहना, विवेचना एवं आलोचना से मेरा पथ प्रशस्त करते रहेंगे।

धन्यवाद!

"सहज"सतीश

हिंदी विरासत

बढ़ती उम्र

ए मेरी बढ़ती उम्र तू कितनी हसीन है
मैं हूँ, मेरा इक आसमां है, ज़मीन है
तू है तो मेरा कल है, आज भी है
तू है, तो मेरी हस्ती है, परवाज़ भी है
तू है, तो जलवा है, नूर है, दीदार है
तू है, तो प्यार है, तकरार है, मनुहार है
तू है तो तकदीर है, रुतबा है, इख्तियार है
तू है तो आवाज़ है, जिंदगी है, संसार है
माना, कुछ कड़वाहट, थोड़ा कष्ट है
माना, भविष्य अँधला है, असपष्ट है
माना, किसी से हम, कोई हम से दूर है
माना, कि उलझनें है, समय का क़ुसूर है
माना, कि ढेरों चाहतें हैं, मन में विकार है
माना, कि हर इक ओर, थोड़ा अंधकार है
पर ये मन बांवरा, तो फिर भी “रंगीन” है
ए मेरी बढ़ती उम्र तू कितनी “हसीन” है

"सठिया" गया हूँ मैं

"लोग" कहते हैं की अब "सठिया" गया हूँ मैं
एक ही बात को बार-बार दोहराता हूँ
हर बात के साथ इक द्रष्टांत सुनाता हूँ
और कहते-कहते बीच में ही भूल जाता हूँ
पर! यही सब बचपन में भी होता था ना यारो
तो फिर सठियाया कहाँ! बस "बचिया" गया हूँ
"लोग" कहते हैं...........
अपना हर काम, हर बात, हर चीज़ सही ठहराता हूँ
किसी की नहीं सुनता बस अपनी गाता हूँ
कभी ख़ुश, कभी उदास, कभी ज़िद्दी हो जाता हूँ
पर! यही सब बचपन में भी होता था ना यारो
तो फिर सठियाया कहाँ! बस "बचिया" गया हूँ
"लोग" कहते हैं...........
कभी खट्टा, कभी मीठा, कभी नमकीन भाता है
कभी सोना, कभी रोना, कभी चलना सुहाता है
पुराना याद सब कुछ है नया पर भूल जाता है
पर! यही सब बचपन में भी होता था ना यारो
तो फिर सठियाया कहाँ! बस "बचिया" गया हूँ
"लोग" कहते हैं कि अब "सठिया" गया हूँ मैं

मेरी मुहब्बत

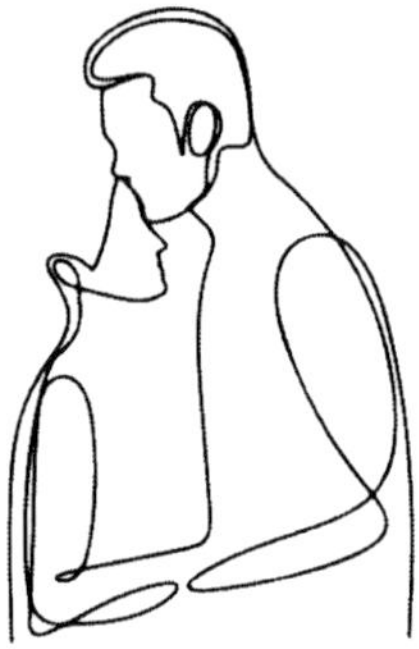

इक सुबह! किसी अजनबी से मिलने पहली बार,
हुआ तैयार, मन में थी बेचैनी और उलझने हज़ार।
क्या देखूँ, क्या कहूँ, क्या समझूँ, सोचता ये बार-बार,
मैं चला, मन भी चला, थे साथ में ढेरों विचार।

चाल भी कुछ और थी, अंदाज़ भी कुछ और,
दिल की धड़कन तेज़, उस पे नाचता मन मोर।
पर पहुँच कर सामने, सब कुछ सिमट कर रह गया,
हाल अपने ही सरीखा, देखता सा रह गया।
बिन देखे, बिन बोले समझे, बात सारी हो गई,
शरमो हया की बन्दिशों में भी मुहब्बत हो गई।

ख़तो किताबत, गाहे बगाहे, बीच में चलती रही,
यूँ, इक बरस तक, वो मुहब्बत, फूलती-फलती रही।
पर! ख़त लिखा करती थी वो, नाम से किसी और के,
क्या बताएं दोस्तों, यही इश्क थे उस दौर के।
मन में हज़ारों ख्वाइशें, पर पर्देदारी भी रही,
खुद से ज़्यादा दूसरे के मान की चिंता रही।

फिर! मिले जिस दिन, खिल गई मन की कली,
कोई नहीं था बीच में, पर बात कुछ ऐसे चली।
ना वो बोली, ना मैं बोला, पर बात सारी हो गई,
शरमो हया की बन्दिशों में भी मुहब्बत हो गई।

जब तुम हँसती हो

सब कुछ अच्छा सा लगता है, जब तुम हँसती हो।
हर समा सुहाना लगता है, जब तुम हँसती हो।।
जीवन्त लगे तन मन यौवन, ज्यों लौट आया फिर से बचपन
चहुं ओर दिखे बस तरुणाई, ज्यूं कण-कण लेता अंगड़ाई
मद मस्त हवा मतवाली सी, हर ओर लगे दिवाली सी
ज्येष्ठ भी सावन लगता है, जब तुम हँसती हो।
हर समा सुहाना लगता है, जब तुम हँसती हो।।
फूलों की मदमाती सुहास, कोयल की तानों की मिठास
रस रंग घुला सा अंग-अंग, कानों में बजती सी मृदंग
भीगी-भीगी सी मस्त भोर, मन का पंछी लेता हिलोर
भँवरा मनभावन लगता है, जब तुम हँसती हो।
हर समा सुहाना लगता है, जब तुम हँसती हो।।
साँझ लगे अलसाई सी, आँखों में नींद भरमाई सी
पलकें भारी अलकें उलझीं, जीवन की पहेली अनसुलझी
पदचाप तुम्हारी धीमी सी, पल्लू की महक कुछ भीनी सी
इक प्रणय निवेदन लगता है, जब तुम हँसती हो।
हर समा सुहाना लगता है, जब तुम हँसती हो।।

आस

जन्मदिन तुम्हारा जब-जब भी आता है,
इक मीठी सी "आस" दे के चला जाता है।
आस! इक प्यारा सा नगमा गुनगुनाने की,
बरसों बरस ऐसे ही तुम्हारा, जन्मदिन मनाने की।
ये "आस" ही तो है, जो हमें साथ लिए चलती है,
और हर पल, कुछ नया करने की चाह पलती है।
तुम्हारी आँखों में फिर से नया स्वप्न दिखाई देता है,
तुम्हारी पदचाप में भी इक नया सुर सुनाई देता है।
पायल भी तुम्हारी घर में थोड़ा सा और चहकेगी,
घर की अंगनाई भी तुमसे कुछ और महकेगी।
तुम्हारा रूप भी पहले से थोड़ा और निखरेगा,
एहसास सब के साथ का थोड़ा फिर से सँवरेगा।
तुम्हारी मुस्कुराहट भी हमें कुछ ऐसे मिल जाये,
हँसते, मुस्कुराते, तुम्हारा जन्मदिन फिर से आ जाये।

चाहत

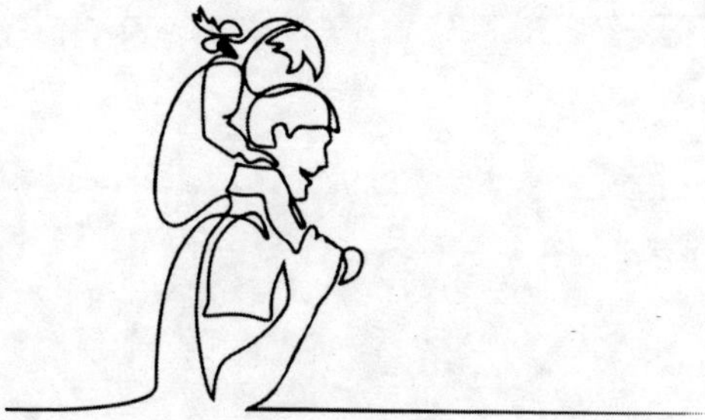

मैंने चाहा! सन्तति मेरी, मुझसे आगे बढ़ जाये
वंश लता बोई जो मैंने, सबसे ऊपर चढ़ जाये ।

मेरे रुतबे मेरे औहदे से, बच्चों का रुतबा बड़ा रहे
मैंने जो पाया जीवन में, उन्हें उससे ज़्यादा मिला रहे ।

इसी चाह में मैंने उनको, कितने पंख लगा डाले
नन्ही सी निश्छल आंखो में, कितने स्वप्न सजा डाले।

मेरी चाहत उनकी हिम्मत ने, ऐसा जादू कर डाला
सबके सपने साकार हुए, पर बिखर गई मेरी माला।

ऊँची उड़ान की ख़ातिर पंछी, कैसे यूँ मजबूर हुए
छोड़ घरौंदा छोड़ के छाया, इक दूजे से दूर हुए।

बूढ़ी ख़ुश्क आँखों में अब भी, एक आस तो रहती है
अपनों से पुनर्मिलन की आशा, अन्तर्मन में बहती है।

कभी तो अपने दिल के टुकड़े, लौट के घर आ जाएँगे
इस शिथिल हो रही काया को, इक आलिंगन दे जाएँगे।

पर कैसी चाहत कैसे सपने, सब अनगढ़ अजब कहानी है
इच्छाएं कब पूरी होती हैं, और रिश्तों में कहाँ रवानी है।

सामर्थ्य

जीवन के हर मोड़ पर लेते रहे सुझाव,
अब ऐसा क्या हो गया देते नहीं हो भाव।
देते नहीं हो भाव, अब तुम ज्येष्ठ हो गये,
पाकर त्वरित सफलता, तुम कुछ श्रेष्ठ हो गये।
मैं प्रसन्न हूँ! तुम को स्वयं से चलना आया,
उड़ना आया तन, मन, जन को छलना आया।
जन को छलना आया, है सामर्थ्य भी भारी,
"कुछ" को करते भी देखा, जय जयकार तुम्हारी।
माना मेरी धार भी अब कुछ कुंद हो गई,
चक्षु ज्योति व स्मृति भी अब कुछ मंद हो गई।
अंग प्रत्यंग भी शिथिल हो रहे हैं अब मेरे,
मुझ को अब धुंधले दिखते हैं ये साँझ-सवेरे।
दिखते धुंधले साँझ-सवेरे पर, मन का उजला है हर कोना
केशों में परिश्रम की चाँदी, है तन में अनुभव का सोना।

नेत्रों में हीरे आशा के, और दिल में विश्वास अटल है,
कुछ न कुछ दे ही जाऊँगा, ये काया भले निर्बल है।
जैसे सूखी डाल हवन समिधा बन जाये,
और शुष्क सा पुष्प असंख्य बीज दे जाए।

रिटायरमेंट अग्रीमेंट

एक बड़ी यात्रा कर ली है पूरी मैंने भी
कितना किया है काम अब कुछ तो मैं भी ऐंठूगी
तुम भी दिल करो बड़ा और दे दो वचन सात ....
तो पास बैठूँगी ।
पहला....
आज एक बार फिर पुरानी याद ताज़ा हो
करें कुछ नया और कुछ बात साझा हो
मेरा सदा, निभाओगे यूँ ही साथ ....
तो पास बैठूँगी ।

दूसरा .....
ऑफिस जाते हुए तुम कितना इतराते थे
ये कर लेना वो कर लेना कितना हुक्म चलाते थे
वादा करो! अब सुनोगे मेरी भी बात......
तो पास बैठूँगी ।

तीसरा .....
सिर्फ अपने कामों का ही बखान करते हो
बस अपनी गाते हो किसी की कहाँ सुनते हो
कभी कभार अब मेरी भी सुनोगे ......
तो पास बैठूँगी ।

चौथा ....
सब कुछ सहा सब कुछ सुना सर झुकाये रही
सबका बड़प्पन बनाए रखा और मुस्काए रही
पर अब तो, प्यार से "पगली" बुलाओगे.......
तो पास बैठूँगी ।

पाँचवाँ ....
अपने पास शोहरत है बँगला है गाड़ी है
पैसा है परिवार है अपनों का प्यार है
बस! कुछ समय तुम सिर्फ मेरे साथ बिताओगे ....
तो पास बैठूँगी ।

छठा ....
वैसे! तो मेरा तुम बहुत ध्यान रखते हो
खाना घुमाना कपड़े गहने सब ख़्याल रखते हो
पर सुबह-सुबह झूले पे चाय पिलाओगे......
तो पास बैठूँगी ।

सातवाँ .... (पति का) ...
चौथापन तो अपनापन है कैसी चिंता यार
एक वचन मुझको भी दे दो आ जाएगी बहार
अब तो घूमेंगे फिरेंगे नाचेंगे गाएँगे ऐश करेंगे और क्या?
तो! आती क्या खंडाला..................?

संबल

कहाँ गई संवेदना, कहाँ गया सम्मान,
अपने में सब जी रहे, पाल रहे अभिमान।
सबसे आगे मैं रहूँ, औरों को पीछे छोड़,
सबसे ऊपर मैं दिखूँ, बाकी की ग्रीवा मोड़।
दुर्गुण औरों में भरे, सद्‌गुण मुझ में सारे,
औरों का क्या सोचना, बस मैं ही रहूँ किनारे।
पर! सब ही जब अवनत होंगे, क्रंदन होगा चहूँ ओर,
तुम कैसे जी पाओगे, तब बन सब के सिरमौर ।
हर दिशा दिखेगी लाचारी, हर ओर भूख, अनबुझी प्यास,
हर ओर सिसकती तरुणाई, हर ओर छूटती थकी श्वास
तब! क्या सुख देगी माया काया, व क्या सुख देगा राजपाट,
क्या सुख देगा वाहन व्यापार, और क्या सुख देगा
ठाठ-बाट।

तुम! निर्जन वन के वृक्ष लगोगे, एकाकी और सखा विहीन,
कौन मिलेगा ऐसा जिससे, फिर पाओगे तुम कुछ छीन।
फिर! हो जाओ ना "सहज" सरल कुछ मीठे से कुछ नम्र
विनीत ,
कुछ भीगे-भीगे संवेरे से, कुछ महके से कुछ सौम्य-पुनीत।

सबको स्वयं सरीखा समझें, सबको थोड़ा सा जीने दें,
सबको थोड़ा सा संबल देंवे, सबको उत्कर्ष रस पीने दें।

बदलाव

बदल रही ये दुनिया पल-पल, बदल रहा सारा परिवेश
बदल रही है दुनियादारी, बदल रहे अब तो दरवेश
बदल रहा है भोला बचपन, बदल रहा है नटखटपन
बदल रही है तरुणाई, और बदल गया है अल्हड़पन
बदल रही मदमस्त जवानी, बदल रहा बाँका यौवन
बदल रहा बूढ़ों का बुढ़ापा, बदल रहा उनका जीवन
बदल रहा है पढ़ना लिखना, ख़तो किताबत बदल रही है
बदल रही इंसानी फितरत, हरकत जिस्मानी बदल रही है
बदल रही है रिश्तेदारी, प्यार-मोहब्बत बदल रहे हैं
बदल रही है सीरत सूरत, मन के मैहरम बदल रहे हैं
बदल रहा है मिलना-जुलना, बदल रही मिलने की रीत
बदल रहा सुर-ताल का संगम, बदल रहे गीत-संगीत
बदल रहे नुक्कड़ चौराहे, बदल रहे खेत-खलिहान
बदल रहा है घर का आँगन, बदल रहे हैं दरो-दालान
बदल रही अम्मा की रसोई, खाना-पीना सब बदल गया है
बदल रहे हैं रीत रिवाज़, त्योहारों का मनाना बदल गया है
बदल रहा है अपनापन भी, कहना-सुनना बदल गया है
बदल रहा खुशियों का मतलब, असल ख़ज़ाना बदल गया है
क्या बदला है! क्या बदलेगा! ये सोच बदलना बेहतर होगा

वो भी अच्छा था, ये भी अच्छा है, आगे भी सब अच्छा होगा।

समय कहाँ है मेरे पास

मिलना-जुलना तक भूल गया हूँ
सब रिश्ते-नाते भूल गया हूँ
अपनी सुधबुध भी खो बैठा हूँ
हाथ स्नेह से धो बैठा हूँ
मान मुन्नव्ल हँसी ठिठोली
तीज दीवाली मीठी होली
इक दूजे के घर पर जाना
मिलजुल कर त्योहार मनाना
बीते युग की बात हो गई
सम्बन्धों में घात हो गई
बाहर की दुनिया उजियारी
घर के भीतर है लाचारी
हाथ में ऐसी डिबिया आई
जिसमें सारी सृष्टि समाई
जिसका सम्मोहन अतरंगी
नहीं चाहिए साथी संगी
निष्कंटक है उसका राज
डूबा है आकंठ समाज
जिससे भी पूछूँ, है कुछ आस?
शीश झुकाये मिलता उत्तर ......
भाई! समय कहाँ है मेरे पास।

ख़ुशी

आने वाला है वो दिन "भी", सबकुछ अच्छा हो जायेगा,
ज़ख्म सभी भर जाएंगे, हल्का सा निशां रह जायेगा।

दौरे महफ़िल फिर सजेंगे, फिर से होंगी दावतें,
फिर होगा मिलना-मिलाना, गर छोड़ दीं अदावतें।

गैरों की ख़ुशी मे खुश रहकर, अपनी भी ख़ुशी बढ़ जायेगी,
नफ़रत का समंदर सूखेगा, मुहब्बत की फ़सल लहरायेगी।

जीने का असली मकसद तो, है प्यार मुहब्बत खुशहाली,
वरना तो फ़ीकी, बे नूरी सी, लगे ईद और दीवाली।

जो खो गए हैं इस दौर में, हरगिज़ न वापस आयेंगे,
जो बच गए हैं तूफानों में, वो सुर्ख रूह हो जाएँगे।

दरकिनार करके कुदरत को, मिल गया अच्छा सबक़,
करलो अब तो उसकी कद्र, है जीना भी तो सबका हक।

बस ये पल

आओ के साथ बैठें आज
शिकायत करें शिकवे करें
कुछ बिसरी भी ताज़ा करें
और खोल डालें सारे राज़
आओ के साथ बैठें आज
नाचें, गायें, खिलखिलाएँ
झूम-झूम खुशियाँ बिखराएँ
छलकें जाम, चहकें साज़
आओ के साथ बैठें आज
महफ़िलें फिर मिले न मिले
मुरझाते फूल खिलें न खिलें
सब भूल जाएँ, तख्तोताज़
आओ के साथ बैठें आज

इक सोच

दुनिया बनी है प्यार से बस प्यार के लिए,
है ही कहाँ इसमें जगह तकरार के लिए।
बड़ी-बड़ी तकरारों का भी अंत हुआ मर जाने में,
जीता वही रहा है, जिसने बांटा प्यार ज़माने में।
यही सदियों से देखा जाना है,
पर कैसा अजब ज़माना है ?
न सीखे गलत नजीरों से,
न खून सनी तस्वीरों से।
न सीखे चीख पुकारों से,
न उजड़े घर संसारों से।
बस! मैं ही मैं का रोना है,
पाकर भी सब कुछ खोना है।
खोना है तख्त और ताजों को,
पैनी बुलंद आवाज़ों को।
खोना है रुतबे हस्ती को,
अपनी ही बसाई बस्ती को।
जब सब कुछ ही खो जाना है,
फिर क्यूँ ये बैर बढ़ाना है।
फिर क्यूँ ये बैर बढ़ाना है।

आत्मबोध

हाँ! मैं अध्यापक हूँ
जानता हूँ, तुमने मेरी तुलना
ब्रह्मा, विष्णु और महेश से की
पथ प्रदर्शक, प्रेरणा स्त्रोत, ज्ञान वाहक आदि
कितनी ही उपमाओं से किया है अलंकृत
पूजा अर्चना की, शीश पे दिया स्थान
मेरा भी तन मन हो गया पुलकित एवं भावविभोर
रिक्त हो गया मैं भी और लुटा दिया सर्वस्व
दे डाले सारे आशीष और सभी गुरुमंत्र
संभालता रहा तुम्हें, एक पतंग की भाँति
ऊंचा और ऊंचा गहन आकाश में
पहुंचाने की, करता रहा जुगत
कभी दी ढील, कभी खींचा, लगवाया कभी गोता
जिससे सीख जाओ तुम, बच कर आगे बढ़ना
पर हाँ! तुम्हारी डोर मैं कस कर के थामे रहा
कहीं, आकाश में अकेले चमकने की इच्छा....
ना डाल दे, अंतहीन प्रतिस्पर्धा में तुम्हें
ना कट कर, हो जाओ दिशाहीन
ना भटक जाओ कहीं अनन्त में
और ना उलझ जाओ किसी वृक्ष के विस्तार में

समेटी तुम्हारी डोर कई बार
तुम्हारी इच्छा के विपरीत ही सही
तुम्हें धरा पर लौटना भी तो सिखाना था
क्या हुआ जो मेरे हाथ कुछ हो गए चोटिल
क्या हुआ जो मिल गया मुझे कुछ दर्द
कुछ कटु वचन कुछ नुकीले कटाक्ष एवं तिरस्कार
तुम्हारी सफलता और असफलता ही
हो गई मेरी सफलता असफलता का माप दंड
हाँ! मैं अध्यापक हूँ न।
देखता हूँ आज भी, तुम्हारी सफलता के ही स्वप्न

शिक्षक

माँ-बाप सा दुलार दे कर, ज़िंदगी संवारता है
ज्ञानेंद्रियाँ निखार कर, कर्मेन्द्रियाँ सुधरता है
वो कुशल मूर्तिकार, जड़ में जीवन उतारता है

व्यक्तित्व को मोड़ दे, आगे बढ़ने की होड़ दे
"देवत्व" सा वरदान दे, जीत-हार का ज्ञान दे
सुंदर सा उपनाम दे, नूतन इक पहचान दे

धरती पर रहे स्वयं, पर आकाश में उड़ाए जो
हर सदाचार, नवाचार, नित्य ही सिखाये जो
ज्ञानामृत का प्रेम रस, नित्य ही पिलाये जो

मूर्तिकार की भाँति, हर कोण से निहारता है
तन-मन के खोट सारे, वैद्य सम बुहारता है
जीवन द्वंद से लड़ना सिखा, रण में उतरता है

दुविधा

नादान सयाने हो गए, फिर भी चिंता की बात
बूढ़े समझते बहुत हैं यह बच्चे करते बात।
यह बच्चे करते बात, न इन्हें कोई कहने वाला
है कैमिकल लोचा उम्र का, या कुछ गड़बड़ झाला।
छोटी-छोटी बातों पर भी, देते लंबा व्याख्यान
हम भी तो बड़े अब हो गए, फिर क्यूँ देते हैं ज्ञान।

"हम"
हर काम बखूबी करते हैं
कुछ इज़्ज़त हम भी रखते हैं
कुछ लोग हमें भी सुनते हैं
हर बात हमारी गुनते हैं

"पर"
समझाना अब भी जारी है
अब तो गूगल की बारी है
जी पी एस राह दिखाता है
फिर नहीं भरोसा क्यूँ हम पर
क्यूँ चिंता इन्हें सताती है?

"ठीक"
कहा तुमने बच्चो, और उत्तर भी दे डाला है
ना कैमिकल लोचा उम्र का, ना कोई गड़बड़झाला है
ना कोई शंका है मन में, चिंता पर हमें सताती है
नहीं चाहते फिर भी, ना जाने क्यूँ आ जाती है
अंतर बस केवल इतना है, अब तुमको सुनने वाले हैं
नहीं हमें कोई सुनने वाला।।

आओ कुछ अच्छा हो जाये

ढूँढो! पुरानी डायरी, और उसमें रखा इक गुलाब
उम्र के बीते हुए उस दौर की, यादें समेटे बेहिसाब।
मिल गया तो मौज, वरना ख़ुशबू ही मिल जायेगी
कुछ पलों में, ज़िंदगी की हर खुशी मिल जायेगी।

या ढूँढो! किसी लिफ़ाफ़े में, कुछ भूल चुकी तस्वीरों को
बदरंग पुराने कागज़ में, कुछ छपी हुई तदबीरों को।
गुज़रे लम्हों की झलकियों में, ऐसा कुछ पा जाओगे
इस उलझनों के दौर में, नई ज़िंदगी जी जाओगे ।

ये भी ना हो तो फिर कहीं, पुरानी फोन बुक पड़ी होगी
फटी जिल्द, अधमुड़े वर्क, फीकी सी लिखावट होगी।
पन्नों में जिसके दर्ज़ होंगे, दोस्त और कुछ रिश्तेदार
इक कॉल करते ही लगेगा, जी उठा सूखा दयार।
बेकदरी सी चीज़ों का भी, यूँ वक्त बदल जायेगा

सच मानो! यह बात तो तय है, कुछ अच्छा हो जायेगा।

दिल में भी कुछ हलचल होगी, थोड़े समय को ही सही
भूल जाओगे मुसीबत, जो परेशां कर रही।

कामकाजी बीवी का खत्
(रिटायर्ड पति के नाम)

मुक्त! होकर अब ना तुम, उन्मुक्त हो जाना, प्रिय
थोड़ा सा मेरी सेवा में, प्रयुक्त हो जाना, प्रिय
बिस्तर में प्याली चाय की, सुबह को मिल जाया करे
शाम को भी नाश्ता कुछ साथ हो जाया करे
अब संडे को भी मौका, साथ शॉपिंग का मिले
मेरी सेवा का भी मुझको, कुछ तो मीठा फल मिले
जब भी ऑफिस से मैं आऊँ, हाल मेरा पूछना
थक गईं क्या! ऐसा कह के, हाथ मेरा चूमना
रोना दिनचर्या का रोके, बोर मत करना मुझे
कुछ ऐसा कहना! कितना मैंने आज, मिस किया तुझे
बगिया संवारी, जाले झाड़ें, एक पल बैठा नहीं
अखबार भी यूँ ही पड़ा है, फोन तक देखा नहीं
ऑनलाइन थे, बहू बेटा, होमवर्क मैंने किया
डाईपर भी छोटे ने, कई बार ही गीला किया
क्यूँ जाने आज खूब रोया, कुछ देर भी सोया नहीं
कैसे सम्भाला सब को तुमनें, पहले समझ आया नहीं
ऐसा कहके,
दिल को मेरे, जब तसल्ली दोगे तुम
नई ऊर्जा, नये जोश से, हर बार भर जाऊँगी तब।

मान भी जाना

जो पल गुज़ारे हैं, तुम्हारे साथ मैंने
सँजो रखी है, दिल में वो धरोहर प्यार से मैंने

मेरी हर ज़िद, अहम और नासमझी पर,
तुम्हारा चुप सा हो जाना

और फिर, अच्छा सा अवसर देख
मुझे धीरज से समझाना

मनाना, तुम्हारा प्यार से, धीरे से हौले से
मधु मालती के जैसे, फिर मुझसे लिपट जाना

वो हर क्षण, हर इक बात, मुझे खूब याद है
चेहरे की शिकन देख, मेरे सिर को सहलाना

बस! कुछ इस तरह ही, अब अपने
चौथेपन को ले चलना....

कभी लड़ना-झगड़ना, ज़िद करना
कभी रूठ भी जाना

तब! मैं मनाऊँगा तुम्हें
नाज़ नख़रे भी उठाऊंगा

तुम रोना-धोना, फैलना, भीतर ही मुसकाना
और थोड़ा सा करके नाटक, मान भी जाना।

बहुत दिन हुए!

आप से ना बात हुई, ना ही मुलाक़ात हुई
मैं भी सदमे में हूँ, आखिर क्या बात हुई
कोई गुस्ताखी भी तो मैंने की नहीं
बेसाख्ता होकर भी मैंने पी नहीं
बताया नहीं किसी को दर्द-ए-दिल अपना
साझा नहीं किया किसी से कोई सपना
ना ही रखा किसी के गैर के शाने पे अपना सर
ना ही किसी और का आँचल छुआ पुरअसर
क्या है गिला? किस बात से नाराज़ हो
किस गुस्ताखी से मेरी तुम यूँ नाशाद हो
अब मिल भी लो! यूँ अनजान ना रहो
कुछ सुनो मेरी और कुछ अपनी कहो
अब कर भी दो थोड़ा सा, अहले-करम
मिट जाएँ दूरियाँ और छट जाए भरम
बहुत दिन हुए उस रब से भी, कोई शिकवा किए हुए
अपनी ख़ैरियत तक की, दुआ किए हुए
बहुत दिन हुए.......!

मन मीत

ये रूप है महका-महका सा
ये चाल है कुछ भरमाई सी
ये यौवन छलकी गागर सा
ये सांस है कुछ गहराई सी
ये मंद-मंद मुसकाते होंठ
ये नज़र कहीं पथराई सी
ये काली घटा को दें धोखा
ये ज़ुल्फ तेरी लहराई सी
मैं हर पल बहका-बहका सा
तेरी देख झलक अलसाई सी
मन मीत मेरा तू जीवन है
तुझ से मन उपवन में बहार
ज्यूँ फूल खिले जब बगिया में
हर ओर लगे तरुणाई सी
हर ओर लगे तरुणाई सी।

अवलम्ब

हिन्दी दिवस माना रहे, है कैसी विकट विडम्बना
माता पर, स्व नीड़ में, हैं कैसी-कैसी वर्जना।
है कैसी-कैसी वर्जना, कैसा है व्यवहार
पटरानी पट ओट में, और सौतन करे विहार।
स्वजन पराये हो गये, है कैसा ये संताप
पर, आँचल में देख कर, जननी करे विलाप।
जननी करे विलाप ये कैसी सुध-बुध खोई
अमृत धारा त्याग कर, विष बेल है बोई।
ना टूटी जो तंद्रा, तो होगा बहुत विलम्ब
देवनागरी सा कहाँ, और कोई अवलम्ब।

हिन्दी, हिन्दू, हिंदुस्तान

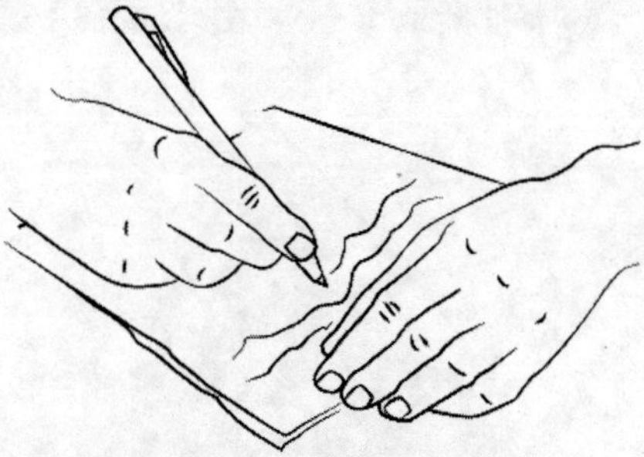

हिन्दी, हिन्दू, हिंदुस्तान
खो रहे अपनी पहचान
हिन्दी का है बिगड़ा हाल
नहीं किसी को कोई मलाल
हिन्दू में भी गर्व कहाँ है
राष्ट्र प्रेम में मर्म कहाँ है
कल क्या होगा कल देखेंगे
हम अतीत से कब सीखेंगे
ना ही अपना नाम बचेगा
गौरव ना सम्मान बचेगा
यदि अपनी पहचान चाहिये
देश और अभिमान चाहिये
हिन्दी का आदर करना होगा
हिन्दू को भी जगना होगा
राष्ट्र प्रेम में मरना होगा।

सबल सपूत
(बाबा भीम राव अंबेडकर)

आँधियों के बीच भी चिराग वो जलता रहा
सदियों के अँधेरे दूर हों प्रयास ये करता रहा।

धारा विरुद्‍ध तैरने का रास्ता उसने चुना
ना हो कोई शोषित पीड़ित ये स्वप्न भी उसने बुना।

शिक्षा साधन जीविका पर सबका हो अधिकार
जियें सब सम्मान से, ना हो कोई प्रतिकार।

बिन साधन अवलंब बिन जीतीं सारी जंग
आत्मविश्वास गज़ब था ऐसा, सभी हो गए दंग।

आगे देखो आगे बढ़ो, दिया उत्तम इक संदेश
पाकर ऐसा "सबल सपूत" धन्य हुआ यह देश।

धीरज

सुनके दुखिया मत होइए, लोग कहें हरचंद
खुद में खुद्दारी राखिए, जो मन में हो आनंद।

मन का मौसम अजब है, सदा लखै बदलाव
टिक जाए जो एक ठौर, दीखे सब समभाव।

जो दीखे सब समभाव, नहीं कोई रहे झमेला
सब ग्रह हों सीधी चाल, न कोई ठेलम ठेला।

जीवन के रंग अनेक हैं, और बेशुमार हैं ढंग
मन को अपने साधिए, फिर चहुं ओर रसरंग।

चिंता चिता समान है, यह बहुत पुरानी बात
व्यर्थ चकल्लस क्यूँ करें, जब बीत जाएगी रात।

जो बीत जाएगी रात, "सतीश" तो रोना कैसा
मित्र बना लो "धीरज" को, नहीं कोई साथी ऐसा।

सावन के रंग

“श्रावण” ने मृदंग पर, जैसे ही
मीठी थाप दी।
प्रकृति ने भी छेड़ दिया मेघ मल्हार
श्याम वर्ण घटाएँ भी उमड़ने-घुमड़ने लगीं
बादलों के साथ, होकर उन्मुक्त
अनंत व्योम में, नर्तन गर्जन करने लगीं।

और तभी! भीनी सी छांव देख
उष्ण पवन में भी जब, शीतलता आई
मदमस्त हो बहने लगी होकर पुरवाई।

चंचल चपल दामिनी भी, हो थोड़ी उद्दंड
कडकड़ाती बल खाती
दिगदिगंत को देदीप्यमान और गुंजायमान करती
ऐसे जैसे तांडव करती
सबके मन को भय से भरती
विचरने लगी हो उन्मुक्त।

कोयल पपीहा और मयूर
करने लगे कोलाहल
मस्ती में होकर भरपूर।

इस सारे नर्तन गर्जन, तरंग और उमँग में
उदद्वेलित, उन्मत्त हो गए सभी, प्रकृति के रसरंग में

तभी यूँ लगा! वायुमंडल का मंथन हो गया
और, सभी का उद्देश्य, कुछ अलग हो गया।

और फिर सब छिटक गए, भटक गए
नन्ही शीतल जल की बूंदें भी, होकर बादलों से विलग
धरती की ओर आने लगीं
उष्ण धरा की प्यास बुझाने लगीं
तन मन को हर्षाने लगीं।
चपल दामिनी भी, बिजली बन कर
जा गिरी किसी सूखे वृक्ष पर।
बदरा और घटाएँ भी, होकर आरूढ़ पवन के झूले पर
उड़ चले किसी दूसरी ठौर
उड़ चले किसी दूसरी ठौर।

अमृत महोत्सव

"अमृत महोत्सव" आज़ादी का मना रहा है देश
राष्ट्र भक्ति व राष्ट्रप्रेम मय, है सारा परिवेष।
छलक रहा हर मन के भीतर, राष्ट्रप्रेम ही आज
सोए परिंदे, आते ही भोर के, भरते जैसे परवाज़।
धर्मधरा ये पावन भूमि, और सारा जीवन वृन्द
उल्लासित व अभिभूत हैं, पाकर ये मकरंद।
हर ओर तिरंगा दिखा रहा है, भारत का उत्कर्ष
हर शहीद हर सेनानी के, मन को कर स्पर्श।
गद-गद है माँ भारती, पाकर ऐसा सम्मान
लौट आया हो जैसे उसका, गौरव और अभिमान।

नयन

नयनों की भाषा बस नयन समझ पाते हैं
गहराई तक इनके जज़्बात उतर जाते हैं
कभी झुकते कभी उठते कभी उलझते हैं
सादगी इतनी की रूह में ही उतर जाते हैं

खुल के जो बरस जाएँ तो हर चीज़ बहा दें
चितवन जो दिखाएँ तो कायनात हिला दें
टकराएँ जो नज़रों से तो खतावार बना दें
ना मिलना नसीब हो तो गुनहगार बना दें

इनकी नज़ाकत का शऊर क्या कहना
इनकी शराफ़त का वो नूर क्या कहना
इनकी अदा का "सतीश" क्या कहना
इस गुलाबी नशे का सुरूर क्या कहना

ख़बरदार

अनपढ़ नेता भी हुए, हैं गुणा भाग में तेज़।
नित्य करें नई गाँठ जोड़, हो संसद निस्तेज।।

हो संसद निस्तेज, फेर में देश भले बिक जाये।
जनता भरमाई रहे, बस! इनकी जय हो जाये।।

काले पीले मिल रहे, फिर से गलबहियाँ डाल।
भावुकता की आढ़ में, ये चलते घटिया चाल।।

ये चलते घटिया चाल, निरंतर खोज बहाना ।
स्वार्थ सिद्धि है केवल, इनका एक निशाना।।

बस वादों की बरसात से, सराबोर कर देत।
घर इनका भर जाये तो, भरे और का खेत।।

भरे और का खेत, ये करते हैं मनमानी ।
जनता को आगे कर, ख़ुद पीते ठंडा पानी।।

देश बचाने का हुआ है, इनको बड़ा जुनून।
पर इनसे ही बच जाये जो, वो है अफलातून।।

ये आस्तीन के साँप हैं, हैं डसने को तैयार।
भोली जनता देश की, तुम रहना ख़बरदार।।

न्यौता

खुशियों को न्यौता भेजा है
घर को भी आज सहेजा है
बगिया को आज संवारा है
आँगन भी नीक बुहारा है

हर कोने में पुष्प सजाये हैं
घर में तोरण द्वार बनाये हैं
स्वागत के दीप जलाये हैं
राहों में पलकें बिछाये हैं

मधुरतम संगीत बजाया है
रंगोली रच द्वार सजाया है
मनोहर स्वरूप बनाया है
तनमन को भी महकाया है

अब तो केवल इतना ही है........

दिल का धड़कना बाकी है
रोटी का उछलना बाकी है
कागा का संदेशा बाकी है
इस मन में अंदेशा बाकी है

खुशियों हैं आने को आतुर.........
अपनों का आना बाकी है।

उर्दू की नफ़ासत

शौक़

इक पल तुम्हारे साथ गुज़ारा था शौक़ में

आदत मेरी बन जाओगी ये इल्म न था।

ज़िंदगी हो जाओगी घुल जाओगी साँस में

हर सिम्थ तुम ही होगी ये इल्म न था।

हो जाऊँगा मशहूर यूं तेरी दीवानगी में

तुम सर चढ़ के बोलोगी ये इल्म न था।

अब तो लगता है रहूँ तुम्हारे ही पहलू में

ख़ुदी को ढूँढता रह जाऊँगा ये इल्म न था।

इस शौक़ में " सतीश" रहा यूं बेखुदी में

खुद शौक़ ही हो जाऊँगा ये इल्म न था।

परवाह

थपेड़ों ने ज़िंदगी के जब रुसवा किया मुझे
मीठी छुवन ने अपनों की ढेर सी "परवाह" दी।

लोगों की बेरुखी से जब भी मैं घायल हुआ
तब दोस्तों ने दिल में अपने मुझको "पनाह" दी।

मुझे प्यार और नफ़रत मिले कुछ इस तरह
मेरी चोटों ने ही मुझको तब जीने की "चाह" दी।

सोचता था! क्या कभी होगी मंज़िल हमकदम
पर जब उतरा समंदर में तो उसने ही "थाह" दी।

दिल हुआ नाशाद या फ़िर सब्र ही टूटा कभी
मेरे हौसलों को देखकर तब पर्वतों ने "राह" दी।

चाहने वालों का मुझपर करम कुछ ऐसा रहा
मुझे सौगात हर तरह की सब उसने "अथाह" दी।

हर कदम मिलती रहीं दुशवारियाँ "सतीश"
मुहब्बत भी तब किसी ने मुझे....."बेपनाह" दी।

ताकीद

इन अदाओं को कातिल बस, यूँ ही बनाए रखना
ठेंगा! हर दौरे उम्र को, तुम यूं ही दिखाये रखना।

गर! तपिश बादलों की, तुम्हें करती हो परेशान
ज़ुल्फों मे महकती सी, नमी तुम बनाए रखना।

खुश्की में गर लगें कभी, जो पंखुड़ियाँ कंवल की
गुलाबी लबों पे मीठी, मुस्कान सजाए रखना।

इज़हारे मुहब्बत के लमहें, गर झुकती हों निगाहें
झील सी आंखों में कहीं, काजल छिपाए रखना।

दीदारे सनम का ख्याल, जो धड़कनें बढ़ाता हो
विसाले यार की आस, दिल ही में छुपाए रखना।

इक बार फिर से मिलने की, ख्वाइश जो हो कभी
मयकदे का भी पता, कहीं पर छुपाए रखना।

एहसास-ए-ज़िंदगी भी "सतीश" मुसलसल बना रहे

अपनों की मुहब्बत दिल में पैहम बनाए रखना।

ज़रूरी सा लगा

आज सच को सच, कहना भी ज़रूरी सा लगा
बेवजह ही सही! बोलना भी ज़रूरी सा लगा।

मैं जानता था, हो जाएँगे नाराज़ भी कुछ लोग
फिर भी ये जोख़िम उठाना, ज़रूरी सा लगा।

जानता हूँ कुछ लफ़्ज, होते हैं ज़रा कड़वे भी
सेहत याबी के लिए, कड़वा भी ज़रूरी सा लगा।

छुईमुई हो गए हैं लोग, छूते ही सिमट जाते हैं
फिर भी, पहुंचाना थोड़ी ठेस, ज़रूरी सा लगा।

चुप रहना भी तो अक्सर, बेगुनाही नहीं होती
कह के गुनहगार हो जाना भी ज़रूरी सा लगा।

चुप रहे तो भी किसने, इस सर से बलाएँ ली हैं
आज थोड़ा सा गाली खाना, भी ज़रूरी सा लगा।

सुना था एक चुप में, हैं कई फ़ायदे "सतीश"

आज हाँ में हाँ मिलाना, भी गैर ज़रूरी सा लगा।

ख़लिश

तुम्हारे पास न होने की ख़लिश, जब भी उदास करती है
करने को गम गलत, यादों के समंदर में झाँक लेता हूँ।

वो सब लम्हे जो तुम्हारे साथ, गुज़ारे थे फाका मस्ती में
उनकी पाने को महक, तुम्हारे दामन में झाँक लेता हूँ।

कहने को बहुत कुछ है सनम, दिखाने को बहुत कुछ
दिल के छाले, जिगर के ज़ख्म, पर ख़ुद ही ढांक लेता हूँ।

जो मयस्सर ना हों कभी, वो सागर, वो मय, वो प्याले
तुम्हारी बहकी सी, मद मस्त, निगाहों मे झांक लेता हूँ।

गर कभी समझ से बाहर हो, इन रिश्तों की कहानी
ईमानदारी से बस, अपनी ही गिरेबाँ में झाँक लेता हूँ।

जब भी लगता है, कि लिखने को, अब और कुछ नहीं
ज़रा होके बे-तक्कलुफ, किसी के घर में झाँक लेता हूँ।

"सतीश" जब भी कभी, ख़ुद की किताब पढ़नी हो
ख़ुदा कसम! किसी गैर के, दिल में झाँक लेता हूँ।

तस्सवुर

वो तो अपने घर में बेतकल्लुफ़ है
मैं क्यूँ सुबह शाम फ़िक्र करता हूँ।

ख़ुद ही सनम, तो कभी मैं बनके
तन्हाईयों में बाते हज़ार करता हूँ।

वो ना कभी आई, ना ही आयेगी
मैं तस्सवुर ही में इंतज़ार करता हूँ।

ये किस तरह की तलब है उनकी
नींद में भी उनके दीदार करता हूँ।

पहले इश्क की ये अदा है नूरानी
बे राबता लोगों को याद करता हूँ।

पुरानी यादों में अजीब लज़्ज़त है

ख़्याल भर से ही सुकून करता हूँ।

कुछ लम्हों का नशा है ये "सतीश"
मैं सुरूर सागर के नाम करता हूँ।

थरथराहट

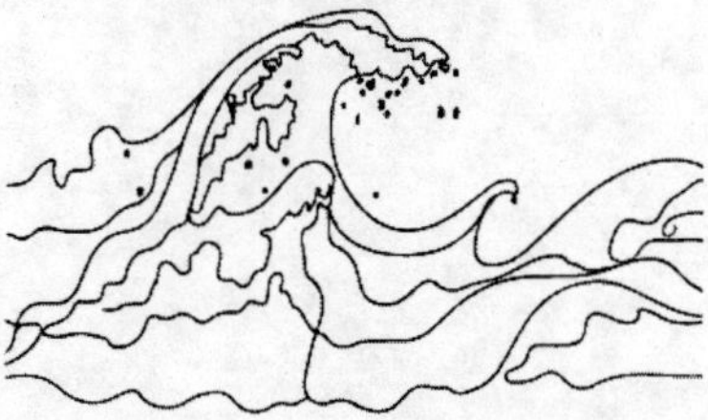

थरथराहट लहरों की, कहाँ वो जान पाते हैं
सागर देख साहिल ही से, जो घर लौट आते हैं।

दोनों जहाँ की दौलतें, उन्हीं के पास होती हैं
गहराई समंदर की, जो खुद से नाप आते हैं।

गिला जिनको नहीं कोई, उलट बहती हवाओं से
सफ़ीना लेके बशर वो ही, तो दरिया पार जाते हैं।

नक्शे कदम उनके ही, बनते हैं मिसाल ऐसी
के जिन पे चल के लोगों के, नसीबे जगमगाते हैं।

आसमां हो या जमीं हो, या फिर हो पर्वत शिखर
निशां वो जीत का अपनी, वहीं पर छोड़ आते हैं।

सातवें आसमान पर, होते हैं उन्हीं के हौसले
तमन्ना नभ को छूने की, जो अपने साथ लाते हैं।

लहराते हैं परचम जीत का, वो ख़ुशनसीब ही
राह की ठोकरों को ही “सतीश”, मंज़िल बनाते हैं।

गीत / भजन

तुम हो तो हम हैं

तुम्हारी सलामती की दुआएँ करता हूँ
ये दिलो जान तुम्ही पे निसार करता हूँ
तुम्हारी दीद ही तो "ईद" है मेरी.........
खुद से ज़्यादा तुम पे ऐतबार करता हूँ।

बेनियाज़ हूँ हर शै से मैं तुम्हारे सिवा
बाकी नहीं है चाह कोई तुम्हारे सिवा
मेरी ज़िंदगी तो है तुमसे ही वाबस्ता...
लगता नहीं अपना कोई तुम्हारे सिवा।

तुम जो खुश हो तभी तो यार ज़िंदा हूँ
तुम्हारे नीड़ का ही तो इक परिन्दा हूँ
तुम्हारा दामन जहान है मेरा.............
तुम्हारे आँगन का ही इक बाशिंदा हूँ।

यौवन

इक नशा जो तुम्हारी निगाहों में है
इक क़ज़ा जो तुम्हारी अदाओं में है
कैसे बच के चलूँ ऐसे तूफ़ान से......
बच गया तो गया, फंस गया तो गया।

बिंदिया की चमक, पायलों की खनक
पेंच ज़ुल्फों के कदमों की धीमी धमक
कैसे ख़ुद को बचाऊँ इन हालत से....
बच गया तो गया, फंस गया तो गया।

मुस्कुराहट तुम्हारी वो क़ातिल अदा
लगता यौवन तुम्हारा सज़ा मयकदा
कैसे बच पाऊँगा मयकशी से "सतीश"
बच गया तो गया, फंस गया तो गया।

फन

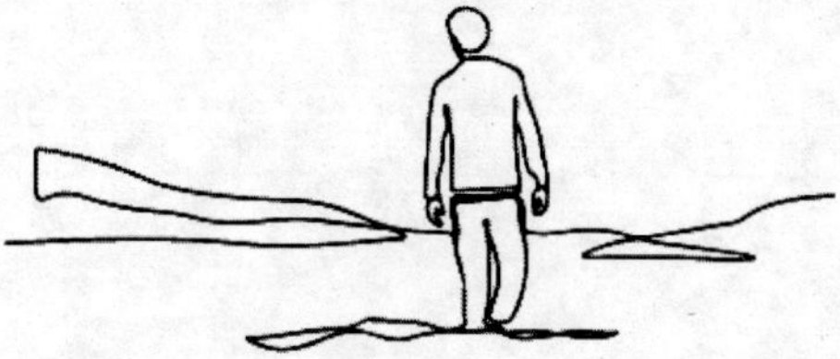

लहरों पे चलने का फन नहीं आता
फलक पे उड़ने का फन नहीं आता
मैं तो बंदा हूँ सीधी फितरत का ....
तारे तोड़ने का फन नहीं आता।

नब्ज़ पढ़ने का फन नहीं आता
लफ़्ज़ गढ़ने का फन नहीं आता
साफ़गोई ही मेरी आदत है......
रंग जमाने का फन नहीं आता।

इश्क बाज़ी का फन नहीं आता
दिल लुभाने का फन नहीं आता
कैसे बैठूँ किसी के पहलू में.....
दिल चुराने का फन नहीं आता।

छुपके मिलने का फन नहीं आता
ख़तो किताबत का फन नहीं आता
रख तो लते किताब में कलियाँ.....
गुल खिलाने का फन नहीं आता।

हैसियतें नापने का फन नहीं आता

रहमतें मांगने का फन नहीं आता
ख़ुद की कीमत जानता है "सतीश"
यूं ही आज़माने का फन नहीं आता।

बांवरा मन

उनके आने की आहट हुई जो ज़रा
तन बदन ये, बरफ़ सा पिघलने लगा।
धड़कनें दिल की बेकायदा हो गईं.....
स्वर साँसों का भी कुछ बदलने लगा।

उनसे पूछूंगा क्या, क्या बताऊँगा मैं
प्रश्न ये मेरे दिल में मचलने लगा।
गुज़रे लम्हे भी बेचैन करने लगे.....
बांवरा मन भी फिर से सताने लगा।

इस मुलाक़ात का तो भरोसा नहीं
ज़िंदगी का गणित गड़बड़ाने लगा।
पहले भी तो उनसे वफ़ा कब मिली....
जो मैं फिर से उन्हें आज़माने लगा।

मुलाक़ात

ये कैसे बताऊँ हूँ किस के सहारे
उसे ढूँढता बस किनारे-किनारे।
आवाज़ देता हूँ ये सोच कर मैं
कि मिल जायेगा वो किनारे-किनारे।

ना जज़्बा ना हिम्मत के गहरे उतार लूँ
ना मुरशिद मिला है जो उँगली पकड़ लूँ
"सनम" कोई मन में इक शम्मा जलादे
समन्दर की लहरों से लड़ना सिखा दे
चला जा रहा हूँ चला जा रहा हूँ
मैं बेसाख्ता सा किनारे-किनारे।

उमर का ये सूरज भी ढलने लगा है
बचा हौसला भी पिघलने लगा है
कोई अब तो मंज़िल का रस्ता दिखा दे
या "प्यारे" से मिलने को हिम्मत बढ़ा दे
किधर जा रहा हूँ मैं क्यूँ जा रहा हूँ
दिशाहीन सा बस किनारे-किनारे।

है टूटी सी कश्ती हवा भी उलट है
थका सा है नाविक कहीं दूर तट है
तो क्या डूब जाऊँ बिना कोशिशों के
न उम्मीद पालूँ नए सपने सँजो के
कभी तो "सनम" से मुलाक़ात होगी
टहलता तो होगा किनारे-किनारे।

मैं राधा रानी श्याम की

मैं राधा, रानी श्याम की
मैं मतवाली, घनश्याम की
मैं गोरी, वो श्याम रंग
मैं भोली, वो जलतरंग
मैं शांत चित्त, वो चंचलमन
मैं सरल, वो है तिरछी चितवन
मैं वंशी, वो स्वर लहरी
मैं उसकी, वो जग प्रहरी
मैं ठहरी सी, वो है प्रचंड
मैं हिम बाला, वो सूर्य खंड
है विलग राग, है विलग रंग
अन बूझा, अन सुलझा प्रसंग
मैं राधा, रानी श्याम की
मैं मतवाली, घनश्याम की।

आओ गणेश आओ

आ..ओ गणेश आओ, सबके दिलों पे छाओ
सब नाम लें तुम्हारा, ऐसी झलक दिखाओ।

तन मन तुम्हें समर्पित, श्रद्धा सुमन भी अर्पित
कुछ यूं सँवारो जीवन, निर्मल हो जाये तनमन
सब नाम लें तुम्हारा, ऐसी झलक दिखाओ।
आओ.........
अवगुण सभी भुला दो, मन का भरम मिटा दो
जीवन का तम हरो तुम, कुछ रोशनी दिखा दो
सब नाम लें तुम्हारा, ऐसी झलक दिखाओ।
आओ..........
हर दोष को तजें हम, हर पल तुम्हें भजें हम
ऐसी लगन लगा दो, दिन रात जप करें हम
सब नाम लें तुम्हारा, ऐसी झलक दिखाओ।

आ..ओ गणेश आओ, सबके दिलों पे छाओ
सब नाम लें तुम्हारा, ऐसी झलक दिखाओ।

क्षणिकाएं

सुलेख

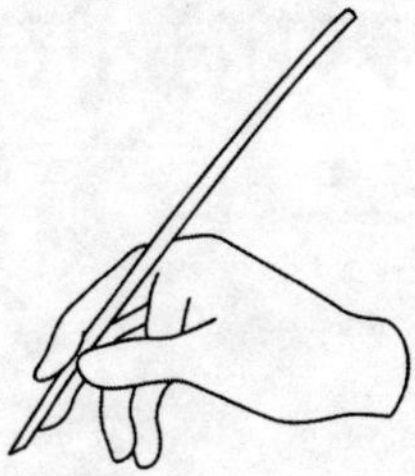

हस्त लेखन इक कला है,
कौशल है प्रयास है।
रचनात्मक है प्रवाह है,
अक्षर विन्यास है ।

निरन्तरता है प्रेरक है,
इंद्रिय नियंत्रण है।
व्यक्तित्व की पहचान है,
स्मृति अभियंत्रण है।

मस्तिष्क का भोजन है,
दृष्टि का सुख है।
लेखनी मृतप्राय: सी है,
"सतीश" यही दुख: है।

प्रगतिशील

क्यूँ? धीरे-धीरे शब्द विरल व मौन हो रहे हैं?
क्यूँ? जिव्हा से अभिव्यक्ति अब गौण हो रही है?
क्यूँ? मुखर हो रहे हैं स्वर विहीन शब्द?
रेखांकन विहीन लिपि एवं भाव प्रतीक चिन्ह।
वस्तुत:
अब संवाद के माध्यम
अँगूठा, उँगली, इमोज़ी एवं स्माइली आदि जो हो गए हैं।
संभवत:
हम पुन: अग्रसर हैं .....पाषाण युग की ओर
अथवा तो "प्रगतिशील" हो गए हैं।

विवाह

सात “रंगों” से सुंदर तन-मन

सात “सुरों” से चहका यौवन

सात “रसों” से महका-महका

सात “वचन” से पूरित पोषित

सात “जनम” का अद्भुत बंधन।

सुना है !

सुना है कल से त्रेता युग आ रहा है

राम राज्य का प्रादुर्भाव हो रहा है

अयोध्या में राम लला आ रहे हैं

जन मानस राममय हो रहा है

वातावरण उल्लासित है

हर घर द्वार प्राकाशित है

काश! ये उल्लास, ये प्रकाश, ये भाव, स्थिर हो जाएँ

हम सब के तन मन राममय हो जाएँ

कथनी करनी में भी राम के आदर्श समाहित हो जाएँ।

हर पल ज़िंदगी

काश! ज़िंदगी कुछ ऐसी होती
ऐसी होती, वैसी होती
जाने कैसी कैसी होती
पर! जैसी भी होती
"खुशी" तब भी नहीं होती
क्यूंकि, ज़िंदगी, यही तो है
काश, आस, और श्वास
एक के बाद एक आती हैं
पर! काफ़ी कभी नहीं होती
हाँ! एक बात तो तय है
अगर दिल से जियो
तो "हर पल ज़िंदगी"
होती ज़रूर है।

कश्मकश

"मन" करता है रोकूँ-टोकूँ, दे दूँ सब को ज्ञान
फिर लगता है, कुछ चीज़ों से, था मैं भी अंजान।

तप कर ही तो साधा मैंने, जीवन का विज्ञान
कई ठोकरों के बाद ही, मैं बन पाया इंसान।

सोचता हूँ! छोड़ दूँ अब सब को उनके हाल पर
होती रहे, इस "ज़िंदगी" से हर एक की पहचान।

परिवर्तन

किसी ने मुझ से पूछा?
आप सतीश से सतीश "प्रिय"
सतीश "प्रिय" से सतीश "सरल"
और अब!
"सरल" से "सहज" सतीश हो गए
यह परिवर्तन कैसे हो गया?
मैंने कहा.......
दुनिया में आया था तब "सतीश" था
अपनत्व देखा तो "प्रिय" हो गया
दुनिया देखी तो "सरल" हो गया
और अब ख़ुद को देखा तो
"सहज" हो गया।

मस्ती

रहो हर पल
हँसते मुस्कुराते
खिलखिलाते, चहचहाते
ज़िंदगी के हर एक लम्हे की
खुशियाँ मनाते
गाते गुनगुनाते
गम, दुख और उदासी को
हवा में उड़ाते
मस्ती प्यार और मनुहार
सब में लुटाते

ज़िंदगी आसान हो जाएगी............

आशीर्वचन

ये दिन इक सौगात हो
खुशियों की बरसात हो
अपनापन हो प्यार हो
आदर हो सत्कार हो
श्रद्धा और समर्पण हो
जीवन सुथरा दर्पण हो
सपने भी सारे पूरे हों
मंतव्य ना कोई अधूरे हों
मनमोहक मुस्कान हो
जग में ऊंचा नाम हो

आज़ादी

पर्व मनाएँ आज़ादी का
तिरंगे का सम्मान करें

वंदन करें मातृभूमि का
शहीदों को प्रणाम करें

प्रकृति की सेवा करके
धरती माँ का शृंगार करें

देश का गौरव बना रहे
ऐसा कुछ अभियान करें

राष्ट्र प्रेम हो सबका गहना
ऐसे प्रण का संधान करें

जीवन

जीवन गुलाब जैसा हो
काँटों के बीच रह कर भी
रंग बाँटता रहे, खुशबू बिखेरता रहे।

जीवन कमल के जैसा हो
कीचड़ के बीच रह कर भी
देव चरणों में रहे, राष्ट्र का गौरव रहे।

जीवन मधुमक्षिका जैसा हो
भटकन के बीच रह कर भी
मकरंद जोहता रहे, मधु बाँटता रहे।

खूबसूरत

अपने मन की बात
दोस्तों को सुनाते रहिये
हर शाम का जश्न भी कभी
उनके और कभी इनके
साथ मनाते रहिये
हर सुबह को बच्चों-बड़ों
नेचर या कभी अपने नाम
करके तो देखो......
ज़िंदगी कितनी “खूबसूरत” है
फिर सबको बताते रहिये।

अच्छा लगता था

दोस्त की पुकार
भाई की पुचकार
माँ का प्यार
पापा की फटकार
दादी का दुलार
यार का इंतज़ार
होमवर्क ना करना
टीचर से डरना
चाचा का समझना
नित नया बहाना

छुट्टी में मस्ती
मस्ती में दौड़ना
किराये की साइकिल
बाइस्कोप देखना
जामुन आम तोड़ना
तितली पकड़ना
जुगनुओं से खेलना
सूरज का ढलना
वो खेलने निकलना
थक कर घर आना
पढ़ते-पढ़ाते सो जाना...

समरूपता

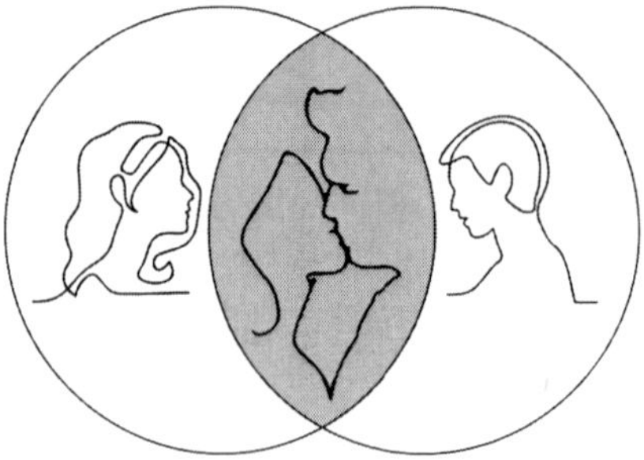

मेरे एक पंजाबी दिलफेंक दोस्त ने
थोड़ा झिझकते हुए एक दिन मुझसे कहा....
यार आज उसे इक्किस कह देना
मैंने पूछा किसे? अरे उसे ही .....
तेरी मद्रासी पड़ोसन को और किसे
पर! इसका का मतलब ....?
छोड़ ना मतलब, तू बस कह देना
एक वफादार दोस्त और
समर्पित संदेश वाहक की तरह
शाम को मैंने उसे धीरे से कहा....
सुनिये....इक्कीस!
वो मुसकुराई, थोड़ा शरमाई
और बोली....कह देना उसे भी...
"येक किस"........ क्या.....?
और मैं भोचक्का सा देखता रहा
उस गजगामिनी को जाते हुए...
देखता रहा... और सोचता रहा...
क्या था यह?
"इक्किस्स" "येक किस्स" या "एक किस्स"

मंगल कामना

बच्चों सा इक कोमल मन, मधुर-मधुर मुस्कान।
जीवन सुख संपन्न हो, परोपकार में ध्यान।।

अपनों को दिल से नेह हो, गैरों को मन से प्यार।
कभी-कभी तकरार भी, पर बनी रहे मनुहार।।

दीर्घायु, हो स्वस्थ तन, मस्ती मन में हो निष्काम।
आओ सब के काम तुम, हो जग में यश और नाम।।